VIDA
EXTRATERRESTRE

Ve a la última página y descubre
contenido y actividades extra.

ÍNDICE

Si tienes este libro entre las manos es porque en tu cabeza resuenan preguntas como estas: ¿existen realmente los extraterrestres? ¿Qué cara tienen? ¿Dónde están? Y, sobre todo, ¿cómo podemos comunicarnos con ellos?

Bien, estás en el lugar correcto. Vamos a ver de dónde viene la fiebre por la vida más allá de la Tierra y qué dice la ciencia sobre la posibilidad de que exista. Tres, dos, uno... ¡cero! ¡Empieza la aventura!

LOS EXPLORADORES DEL ESPACIO

Soy el profesor QuAnt1cuS y vivo en la nave Atenea con mis dos alumnos, Áurea y Sid, y con nuestro ayudante robótico Marcelino. ¿Te apetece acompañarnos en este increíble viaje por el universo?

Si quieres convertirte tú también en un Explorador del Espacio, prepárate y sube a bordo.

¡Partimos en la siguiente página!

¿Más formas de vida orgánica? Como si no tuviera suficiente con la humana… Aunque, claro, ¡peores los aliens no pueden ser!

¡Hola, soy Sid! Lo que más me interesa sobre la vida extraterrestre es saber qué platos comen. ¡Me muero por probar una pizza alienígena!

¡Qué emoción! Me llamo Áurea y estoy deseando que nos pongamos en marcha. ¿Vienes con nosotros?

EN BUSCA DE ALIENÍGENAS

¿Cón cuál te quedas?

Pregunta a quien quieras de tu alrededor cómo es un extraterrestre. Obtendrás respuestas variopintas, cada uno se los imagina a su manera: que si tienen muchos ojos, que si solo tienen uno, que si no caminan, les falta la nariz o son de color verde. Aquí puedes ver una muestra de varios alienígenas y criaturas estratosféricas.

Todos tienen una cosa en común. **¿Adivinas cuál es?**

¡Exacto! ¡Nos los hemos inventado!

El origen

Todo empezó a principios del siglo XVII, cuando un científico llamado Galileo Galilei inventó el telescopio. Por primera vez en toda la historia, la humanidad contaba con una lupa para mirar el espacio y todos los cuerpos que habitan en él: planetas, lunas, asteroides…, una infinidad de objetos que no habían visto antes.

Soy Galileo Galilei, y perfeccioné el telescopio. Si algún día encontramos a uno de estos, ¡en el fondo será gracias a mí!

La fiebre por el espacio

Con el telescopio, la humanidad se dio cuenta de que el universo es inmenso y empezó a preguntarse si habría vida más allá de la Tierra.

¿Habrá vida en otras partes del cosmos?

¿Existirá alguna civilización inteligente en otro sistema solar?

¿Cómo podríamos comunicarnos con ella?

¿Y qué sucedería si la humanidad entrara en contacto con los extraterrestres?

LA INVASIÓN EXTRATERRESTRE

Desde el siglo XVI hasta nuestros días, la humanidad ha vivido una verdadera fiebre por el contacto con alienígenas. Esta obsesión se ha reflejado en pinturas, libros, cómics, programas de radio, videojuegos y un sinfín de teorías extravagantes que cuentan con seguidores en todo el mundo. Veamos algunos de los momentos más locos de esta fiebre alienígena.

La guerra de los mundos

En 1938, el director de cine Orson Welles adaptó a la radio la novela *La guerra de los mundos*, de H. G. Wells, que trata sobre una invasión extraterrestre. La locución radiofónica fue tan realista que muchos oyentes creyeron que aquello estaba sucediendo de verdad y entraron en pánico.

El origen de los ovnis

En 1947, un piloto llamado Kenneth Arnold divisó un grupo de extraños objetos voladores que definió como «platillos». De aquí derivó el nombre popular de «platillos volantes», aunque más tarde este tipo de objetos desconocidos fueron rebautizados como ovnis (Objeto Volador No Identificado) o UFO (del inglés Unknown Flying Object). Desde entonces, los avistamientos de ovnis se han sucedido en todo el mundo, aunque muchos han resultado ser falsificaciones o se ha encontrado una explicación para ellos.

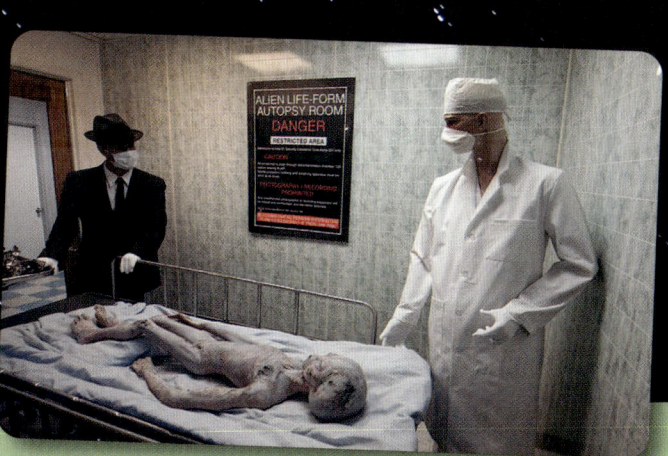

Área 51

Ese mismo año, 1947, un objeto desconocido se estrelló en un rancho cercano a Roswell, en Estados Unidos. Según la teoría de los ufólogos (los especialistas en el fenómeno ovni), el objeto era una nave extraterrestre, y el ejército estadounidense se llevó sus restos (incluyendo los cadáveres de los tripulantes) y los conserva en una secretísima instalación conocida como Área 51. Desde entonces, Roswell se ha convertido en la capital del mundo ovni: ¡hasta tiene un museo dedicado al tema, donde se recrea la supuesta autopsia que los militares hicieron a los alienígenas de la nave!

Encuentros con extraterrestres

El astrónomo y ufólogo estadounidense Josef Allen Hynek estableció una clasificación de los tipos de encuentros que se podrían tener con extraterrestres en la Tierra.

Fase 1: avistamiento de un ovni.

Fase 2: avistamiento y hallazgo de alguna prueba física de la presencia de la nave (como marcas de aterrizaje en el suelo).

Fase 3: avistamiento de los extraterrestres en persona. Así lo presenta la famosa película de Steven Spielberg titulada *Encuentros en la tercera fase* (1978).

Posteriormente, otros ufólogos añadieron dos fases más:

Fase 4: abducción o secuestro de una persona por parte de un alien.

Fase 5: comunicación con alienígenas de forma telepática.

La teoría de los antiguos astronautas

Algunos autores defienden una teoría según la cual los alienígenas visitaron la Tierra en la Antigüedad y ayudaron a ciertas civilizaciones a construir sus grandes monumentos, como las pirámides de Egipto. Creen que algunos dioses mitológicos son, en realidad, representaciones de estos remotos astronautas.

¡Y encima tener que oír que las construyeron los extraterrestres!

El helicóptero de Abidos

En el templo funerario de Seti I, en Egipto, hay un símbolo misterioso. Para los más entusiastas del fenómeno OVNI, parece una nave espacial y ¡es una prueba de que los egipcios contactaron con extraterrestres!

COMUNICARSE CON LOS EXTRATERRESTRES (I)

¿Creías que solo tú te preguntabas cómo podríamos contactar con lejanas supercivilizaciones extraterrestres? ¡Qué va! Los primeros intentos se produjeron a principios del siglo XIX, hace más de doscientos años. ¿Qué hicieron?

El triángulo siberiano

A Carl Gauss (1777-1855), un matemático alemán, se le ocurrió usar las matemáticas para comunicarse con los alienígenas. Su plan era modificar la vegetación de la región rusa de Siberia para formar un gigantesco triángulo rectángulo. Ese triángulo tenía que representar el teorema de Pitágoras (una tésis matemática), Gauss quería que fuera visible desde la Luna y otros planetas.

Los canales saharianos

Algo después, el astrónomo austríaco Joseph von Littrow (1781-1840) tuvo una idea parecida. Se dice que propuso dibujar figuras geométricas en el desierto del Sáhara (en África): su plan era cavar unos canales enormes que se rellenarían de petróleo y a los que se prendería fuego para hacerlos más visibles desde el espacio exterior.

Un lenguaje universal

Tal vez estos pioneros de la comunicación alienígena nos parezcan hoy un poco ingenuos, pero sí fueron muy listos en darse cuenta de una cosa. Fíjate, ambos quieren hacer figuras geométricas, ¿pero por qué? Su razonamiento fue el siguiente: si hay vida alienígena inteligente ahí afuera, tendrán su propio lenguaje, y, seguramente, no se parecerá en nada al nuestro. ¿Español, inglés, chino?

$57 > 45$

$34*3+9$

$4^3/4 \div 2^1/2$

925×32

2^3+547

$\frac{1}{4} + \sqrt{64}$

Tanto Gauss como Von Littrow pensaron que había que encontrar un «lenguaje universal». Y cuando decimos *universal* significa que se entienda en todos los países del mundo y también más allá de la Tierra, en el universo. Tal vez te sorprenda, pero ese lenguaje son ¡las matemáticas!

$1 + 1 = 2$ es una fórmula válida tanto para un habitante de la Tierra como para un extraterrestre. Además, cualquier civilización avanzada tendrá que dominar las mates para progresar, ¡por lo que son una forma ideal de detectar vida inteligente!

¿HAY ALGUIEN AHÍ?

Se calcula que en el cosmos hay entre mil trillones y un cuatrillón de estrellas. Puesto en números, entre 1 000 000 000 000 000 000 000 y 1 000 000 000 000 000 000 000 000. ¡Eso es más que todos los granos de arena de todas las playas de la Tierra! Muchas de estas estrellas cuentan con planetas que orbitan a su alrededor. Así que, por pura probabilidad, parece que en alguno de ellos tendría que haber surgido alguna forma de vida, igual que sucedió en la Tierra.

La ecuación de Drake

En 1961, el astrónomo estadounidense Frank Drake planteó una fórmula para calcular cuántas civilizaciones avanzadas hay en nuestra galaxia. Concretamente, tan avanzadas como para comunicarse con ellas por radio. A esta fórmula la conocemos como «ecuación de Drake», y toma en cuenta distintos elementos. ¡Veámoslos!

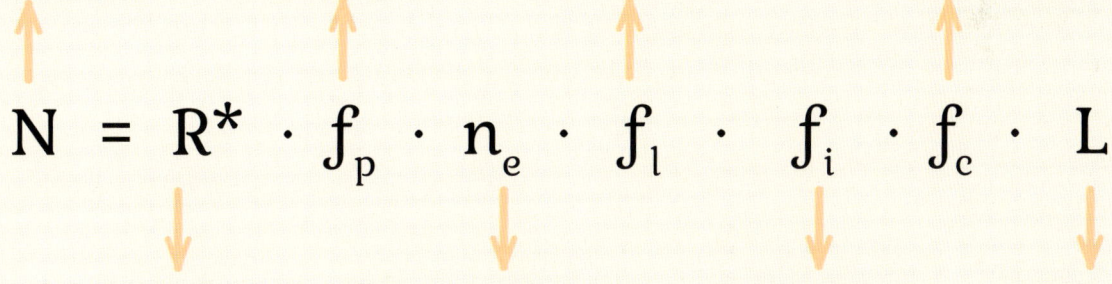

Número de civilizaciones extraterrestres capaces de enviar señales al espacio.

Número de estrellas que tienen planetas a su alrededor.

De los planetas anteriores, en cuántos ha aparecido vida.

De los planetas anteriores, en cuántos la tecnología desarrollada por los aliens les permite enviar señales al espacio.

$$N = R^* \cdot f_p \cdot n_e \cdot f_l \cdot f_i \cdot f_c \cdot L$$

Ritmo al que se forman estrellas en la galaxia.

De estos planetas, cuántos están a una distancia de la estrella en la que pueda surgir vida.

De los planetas anteriores, en cuántos hay vida inteligente.

Tiempo en el que estas civilizaciones existen o han existido.

Resultados

Según Drake, solo en nuestra galaxia, debe de haber 10 000 civilizaciones extraterrestres. En opinión del astrónomo y divulgador científico Carl Sagan, debe de haber un millón.

El problema de la ecuación

Esta fórmula funcionaría muy bien… ¡si pudiéramos poner cifras a cada uno de sus elementos! Por desgracia, no disponemos de suficiente información para saber con precisión cada uno de ellos, por lo que solo podemos hacer estimaciones. ¡Y varían mucho según quién las haga!

DOS TEORÍAS CONTRAPUESTAS

A favor de la vida inteligente: el principio de mediocridad

Una de las teorías más extendidas entre la comunidad científica defiende la existencia de civilizaciones inteligentes a partir del llamado «principio de mediocridad». No, no significa que estos científicos sean mediocres y hagan mal su trabajo.

Simplemente, creen que la Tierra no tiene nada de especial. O sea, que se trata de un planeta común que gira alrededor de una estrella corriente. Y hay tantas estrellas y planetas ahí fuera, que debe de haber muchísimos otros parecidos. Y, por tanto, la vida en el cosmos debe de ser algo muuuy común, y la presencia de civilizaciones avanzadas, también.

En contra de la vida inteligente: la hipótesis de la Tierra rara

Otros científicos, en cambio, defienden la teoría de que la Tierra es un caso excepcional que reúne una serie de características poco frecuentes que han favorecido la aparición de la vida. Por ejemplo:

- su tamaño
- su composición
- su distancia del Sol
- su gran satélite
- debido a su posición en el sistema solar, es poco probable que reciba impactos de grandes asteroides
- está en una zona de la galaxia muy tranquila
- ¡y muchas más!

Según esta teoría, las condiciones para que surja la vida son tan raras que es muy poco probable que otros planetas las reúnan. ¡Tal vez la Tierra sea el único!

Encontrar un planeta como la Tierra sería algo tan inusual como encontrar una aguja en un pajar.

¿Has jugado alguna vez?

PLANETA INHÓSPITO

PLANETA HABITADO

LA PARADOJA DE FERMI

El científico italiano Enrico Fermi (1901-1954) formuló una célebre paradoja que lleva su nombre y a la que muchos han intentado dar respuesta. A lo mejor tú también te lo has planteado. Él decía lo siguiente: si realmente hay tantas civilizaciones avanzadas en la galaxia, ¿por qué no hemos encontrado ninguna evidencia hasta ahora? Existen varias respuestas a la pregunta, veámoslas.

1 Porque se han autodestruido

Esta era la respuesta que el propio Fermi consideraba más probable. Era bastante pesimista y pensaba que, tarde o temprano, cualquier civilización avanzada termina por autodestruirse.

2 Porque los extraterrestres son demasiado primitivos

Puede que sí que haya civilizaciones extraterrestres por ahí, pero que aún no se hayan desarrollado tanto como nosotros. Aunque sean inteligentes, a lo mejor se encuentran en un período equivalente a la Prehistoria humana. Y, por aquel entonces, por mucho que el ser humano quisiera, ¡enviar señales al espacio estaba fuera de su alcance!

3 Porque los humanos son demasiado primitivos

El físico Michio Kaku (1947) ha planteado esta posibilidad: imagina que hay un hormiguero en el bosque y que cerca de él se construye una superautopista. ¿Acaso las hormigas serían conscientes de la existencia de la autopista? ¿O serviría de algo que tú intentaras explicarles qué es la autopista y para qué sirve? ¡Pues eso podría ser lo que sucedería si tuviéramos delante de nuestras narices una civilización superavanzada!

LA PARADOJA DE FERMI

4 La hipótesis del zoológico

Otra posibilidad es que sí existan civilizaciones avanzadas en la galaxia, pero que, por algún motivo, hayan decidido no comunicarse con nosotros. La hipótesis del zoológico, por ejemplo, sostiene que tal vez los extraterrestres nos observan, pero prefieren no entablar comunicación con la humanidad. ¡Será que les parecéis aburridos!

5 Porque no hemos coincidido en el tiempo

Las distancias en el cosmos son tan vastas que resulta difícil que dos civilizaciones coincidan «cerca». Además, el universo es tan antiguo que puede ser que las civilizaciones inteligentes nunca se hayan cruzado en el mismo momento que la humanidad. Si comprimiéramos los 13 800 millones de años de historia del universo en un solo año, la humanidad habría aparecido alrededor de las 22:30 del 31 de diciembre. Y nuestra tecnología actual para enviar o recibir señales al espacio sería algo que sucedería en el último segundo. Es más, podría ser que los extraterrestres ya hayan visitado la Tierra... ¡pero mucho antes de que existiera el ser humano!

6 Porque se comunican de una forma que no reconocemos

Otra teoría sostiene que tal vez la tecnología humana no es capaz de reconocer la forma de comunicación de los extraterrestres. Suponemos que una civilización avanzada se comunicaría por señales de radio, como nosotros, pero a lo mejor lo hacen de otra forma más avanzada, o quizá sus mensajes están encriptados de una forma que hace que nos pasen inadvertidos.

7 ¡Ya están entre nosotros!

Esta es la respuesta menos científica de todas, ¡pero hay que dejar volar la imaginación! ¿Y si en realidad los extraterrestres ya hubieran llegado a la Tierra? Los objetos voladores no identificados (ovnis) que se han avistado serían sus naves. Y hasta es posible que hayan establecido contacto con los gobiernos del mundo, ¡pero las autoridades lo ocultan a la población para no desatar el pánico!

¡Papá, en el cole han descubierto que soy un alien!

CONDICIONES BÁSICAS PARA LA VIDA

La comunidad científica coincide en una idea muy clara: para que surja la vida en un lugar (ya sea un planeta o un satélite), es necesario que este cumpla unos requisitos mínimos. Como ya imaginarás, la Tierra los cumple todos. Vamos a listarlos.

1 **Estar en la «zona de habitabilidad» de una estrella**

Aquí tienes el dibujo de un sistema estelar cualquiera, muy parecido al nuestro, con una estrella en el centro y los planetas que orbitan a su alrededor. La zona de habitabilidad es aquella que no está ni demasiado cerca de la estrella (para no achicharrarse) ni demasiado lejos (para no congelarse). En el dibujo, equivaldría a la zona roja.

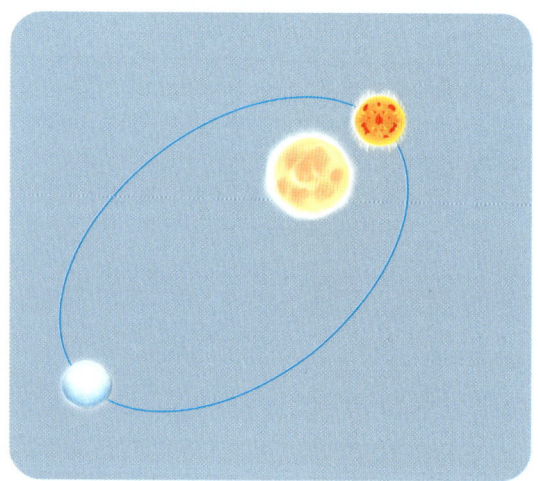

2 **Tener una órbita circular**

La órbita alrededor de la estrella (como el giro de la Tierra alrededor del Sol) debe ser más o menos circular, para que la distancia sea siempre parecida. Si este giro es elíptico (con forma de melón), a veces el planeta estará demasiado cerca de la estrella y a veces demasiado lejos. ¡Y volvemos al problema de las temperaturas extremas!

3 Rotar de manera síncrona

La rotación del cuerpo (el giro sobre sí mismo, como el de una peonza) no puede ser síncrona. Dicho en otras palabras: el planeta no tiene que girar sobre su eje al mismo ritmo que orbita alrededor de la estrella. Si eso sucediera, tendría siempre la misma cara orientada a la estrella, de forma que uno de sus lados estaría siempre soleado y supercaliente, y el otro, en penumbra y superfrío. En los límites entre las dos mitades queda poco espacio para la vida.

4 Tener agua

Debe haber agua en estado líquido. El agua es el caldo en el que pueden mezclarse y combinarse las moléculas de la vida. Piensa que, además, los seres vivos están compuestos por células llenas de agua.

Para la vida en general no sé, ¡pero para darse la buena vida, el mar es lo mejor!

5 Ser rocoso

Otro requisito es que el planeta sea rocoso, como la Tierra. De esta forma, el agua líquida se recoge en lagos y mares en los que se puede desarrollar la vida. ¡A la vida le gustan los charcos!

6 Tener atmósfera

El cuerpo celeste también debe disponer de atmósfera, o sea, una capa de gases que lo ayude a tener una temperatura más o menos estable y que, al mismo tiempo, le sirva de escudo protector ante radiaciones y ante la posible llegada de meteoroides y asteroides.

¿CÓMO SERÍAN LOS EXTRATERRESTRES?

Las formas de vida que tal vez encontremos en otras partes del universo podrían ser muy variadas: desde seres supersimples como microbios hasta entidades tan complejas o más que el ser humano. Sus características dependerán mucho del entorno en el que hayan surgido. ¡Veamos algunas posibilidades!

Humanoides

Si hablamos de formas de vida complejas, en un planeta similar a la Tierra lo normal sería que los extraterrestres tuvieran bastantes cosas en común con la vida terrestre. Es mi caso, por ejemplo: tengo extremidades para moverme, columna vertebral para sostener mi cuerpo, órganos para los diferentes sentidos; todo ello me hace la vida más fácil.

En la ficción (y en la realidad para los creyentes en los platillos volantes), las representaciones más habituales de los extraterrestres son los hombrecillos grises y los verdes. Como ves, ambos tienen forma humanoide. ¡Distintos a ti, pero no tanto!

Bichos extraños

Pero la vida también puede haberse abierto paso en planetas muy distintos a la Tierra. Por ejemplo, hay planetas-océano, completamente cubiertos de agua, en los que necesariamente las formas de vida se habrían adaptado al medio acuático. ¿Tentáculos o espinas? ¡Ahí los tienes! También puede ser que se parezcan más a los reptiles o los insectos terrestres. El mundo de posibilidades es interminable, como ha demostrado la imaginación de muchos artistas de obras de ficción.

Más allá del carbono y el agua

La vida que conocemos se basa en un elemento químico, el carbono, y en la presencia de agua en un planeta. Pero ¿y si hubiera formas de vida completamente distintas? Eso daría lugar a criaturas aún más increíbles, capaces de vivir en lugares que no cumplen las condiciones que acabas de conocer. Un extraterrestre basado en el silicio en vez del carbono, por ejemplo, sería cristalino y podría resistir entornos extremadamente calientes, fuera de la zona de habitabilidad. O, si apareciera la vida en océanos de amoníaco y no de agua, esta sobreviviría en planetas muy fríos y alejados de su estrella.

VIDA EN EL SISTEMA SOLAR: NUBES DE VENUS

Si en el sistema solar hubiera otra civilización avanzada, seguramente ya la habríamos encontrado. ¡Es un lugar que conocemos relativamente bien! Lo que sí es posible, sin embargo, es que el «barrio» en el que vivimos albergue otras formas de vida que aún no se han descubierto. ¿Dónde? ¡Vamos a ello!

Las nubes de Venus

El primer y más sorprendente candidato para albergar vida fuera de la Tierra es el planeta Venus. Decimos «sorprendente» porque es el segundo planeta más cercano al Sol y, por tanto, recibe muchísimo calor de nuestra estrella. De hecho, su superficie ronda los 500°C de temperatura. Si hay vida en Venus, no será en su superficie, sino en sus abundantes nubes, pues el planeta está completamente cubierto por ellas.

La temperatura de su superficie lo convierte en el planeta más ardiente del sistema solar, más incluso que Mercurio, que está más cerca del Sol.

La fosfina

En 2020, los científicos descubrieron que en las capas más templadas de las nubes venusianas hay un gas llamado fosfina. En la Tierra, este gas lo generan algunas bacterias, ¡lo que puede indicar la presencia de microorganismos en las nubes de Venus! Pero no nos adelantemos: también es posible que allí la fosfina aparezca debido a algún otro proceso que no conocemos.

Esta es una representación de la superficie de Venus y de moléculas de fosfina en su atmósfera.

DAVINCI+

Para salir de dudas, la NASA (la agencia espacial estadounidense) está preparando una misión a Venus, la DAVINCI+. Está prevista para finales de la década de 2020 y principios de la de 2030, y su propósito es estudiar la atmósfera de este planeta. ¿Servirá para resolver el misterio?

VIDA EN EL SISTEMA SOLAR: MARTE

Marte acuático

Otro de los grandes candidatos para albergar vida es Marte, el planeta del sistema solar más similar a la Tierra. Hace miles de millones de años tuvo lagos, ríos caudalosos y, probablemente, mares y océanos llenos de agua. Sin embargo, luego perdió gran parte de su atmósfera, el agua se evaporó y se convirtió en el planeta seco y polvoriento que es hoy. Eso sí, en los polos y bajo el suelo queda hielo. Y, recuerda, ¡el agua es uno de los requisitos para que surja la vida!

Canales marcianos

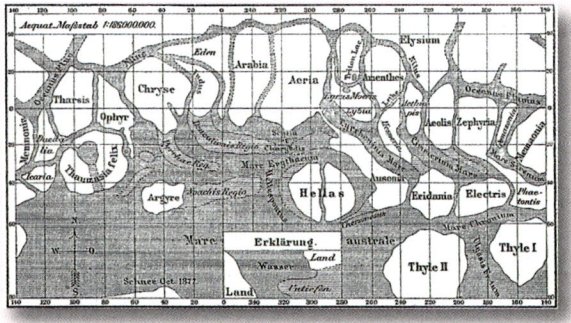

A finales del siglo XIX y con el uso de telescopios, varios astrónomos creyeron ver canales sobre la superficie de Marte. Hasta se hicieron mapas de ellos, como este de la imagen, elaborado por el astrónomo italiano Giovanni Schiaparelli (1835-1910). Muchos creyeron que una misteriosa civilización marciana era la responsable de aquellos canales. Sin embargo, en realidad solo eran ilusiones ópticas causadas por la escasa precisión de los telescopios de la época.

Misiones a Marte

Marte es el planeta más estudiado del sistema solar después de la Tierra. La primera misión espacial que aterrizó en su superficie fue la Viking 1, en 1976. En la actualidad, el vehículo robotizado Perseverance (en la imagen), de la misión Mars 2020 de la NASA, se encuentra en Marte. Uno de los grandes objetivos de todas estas misiones es estudiar posibles signos que nos indiquen si hay o ha habido vida en el planeta. Por el momento, los resultados son negativos…

La cara de Marte

Precisamente la Viking 1, antes de aterrizar, fotografió la superficie del planeta. En una de las imágenes que capturó se ve una formación rocosa que recuerda a un rostro. Mucha gente pensó que era un monumento construido por marcianos, a pesar de que los estudios posteriores revelan que el parecido es casual y que, de hecho, fotografiado desde otro ángulo, ¡ni siquiera se parece demasiado a una cara!

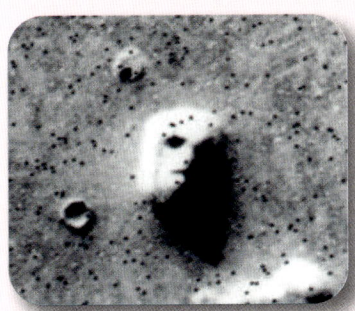
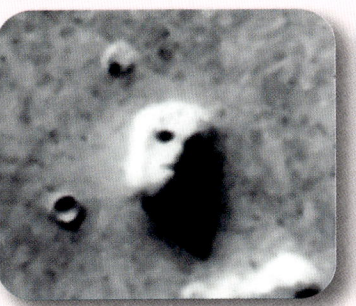
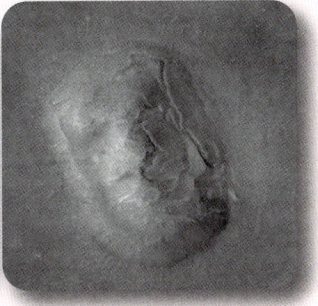

VIDA EN EL SISTEMA SOLAR: CERES Y EUROPA

Ceres, el planeta enano

Entre las órbitas de Marte y Júpiter se encuentra el cinturón de asteroides. Allí hay millones de asteroides, o sea, rocas que vagan por el espacio. Y también contiene un cuerpo más grande llamado Ceres, no tan enorme como los planetas «de verdad», pero sí lo suficiente para merecer el nombre de «planeta enano».

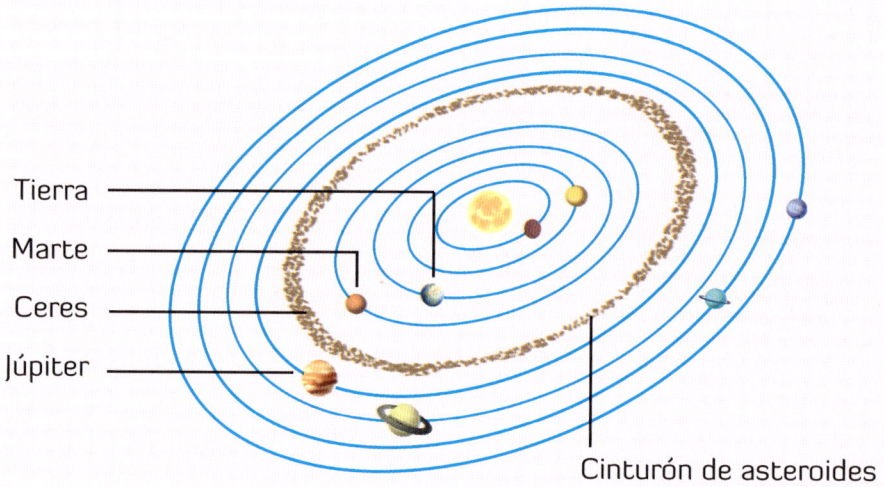

Tierra
Marte
Ceres
Júpiter
Cinturón de asteroides

Misiones a Ceres

En el año 2015, la misión Dawn de la NASA visitó Ceres. Orbitó a su alrededor sin detectar ningún signo de vida. Pero observó que Ceres tiene una delgada atmósfera que contiene vapor de agua. Con los datos obtenidos, se cree que, bajo su superficie helada, puede haber un océano de agua líquida. ¡Eso significa que no podemos descartar la posibilidad de que haya vida allí!

Europa, el satélite de Saturno

Otro de los grandes candidatos a albergar vida en el sistema solar es Europa, una de las lunas de Júpiter. Este satélite helado tiene un enorme océano subterráneo de agua salada con una profundidad de un centenar de kilómetros y dos o tres veces más agua que la que hay en la Tierra. De vez en cuando, el agua sale disparada como la lava de un volcán.

Europa Clipper

Las aguas subterráneas de Europa tienen una gran concentración de oxígeno y, además, hay volcanes submarinos. O sea, son entornos similares a algunas profundidades oceánicas terrestres. Y si en estos lugares de la Tierra hay microorganismos, ¿por qué no puede haberlos en Europa? Actualmente se está desarrollando la sonda Europa Clipper con el objetivo de encontrar una respuesta definitiva a esta cuestión.

VIDA EN EL SISTEMA SOLAR: TITÁN Y ENCÉLADO

El misterioso Titán

De las 82 lunas que tiene Saturno, hay una muy interesante si buscamos vida alienígena: Titán. Tiene una atmósfera densa, adecuada para la vida, formada sobre todo por nitrógeno, igual que la terrestre. Además, es el único lugar del sistema solar, junto con la Tierra, que tiene mares, lagos y ríos en su superficie. En su caso, no son de agua, sino de otros compuestos: etano y metano líquido, ¡pero sigue siendo un buen candidato para albergar vida!

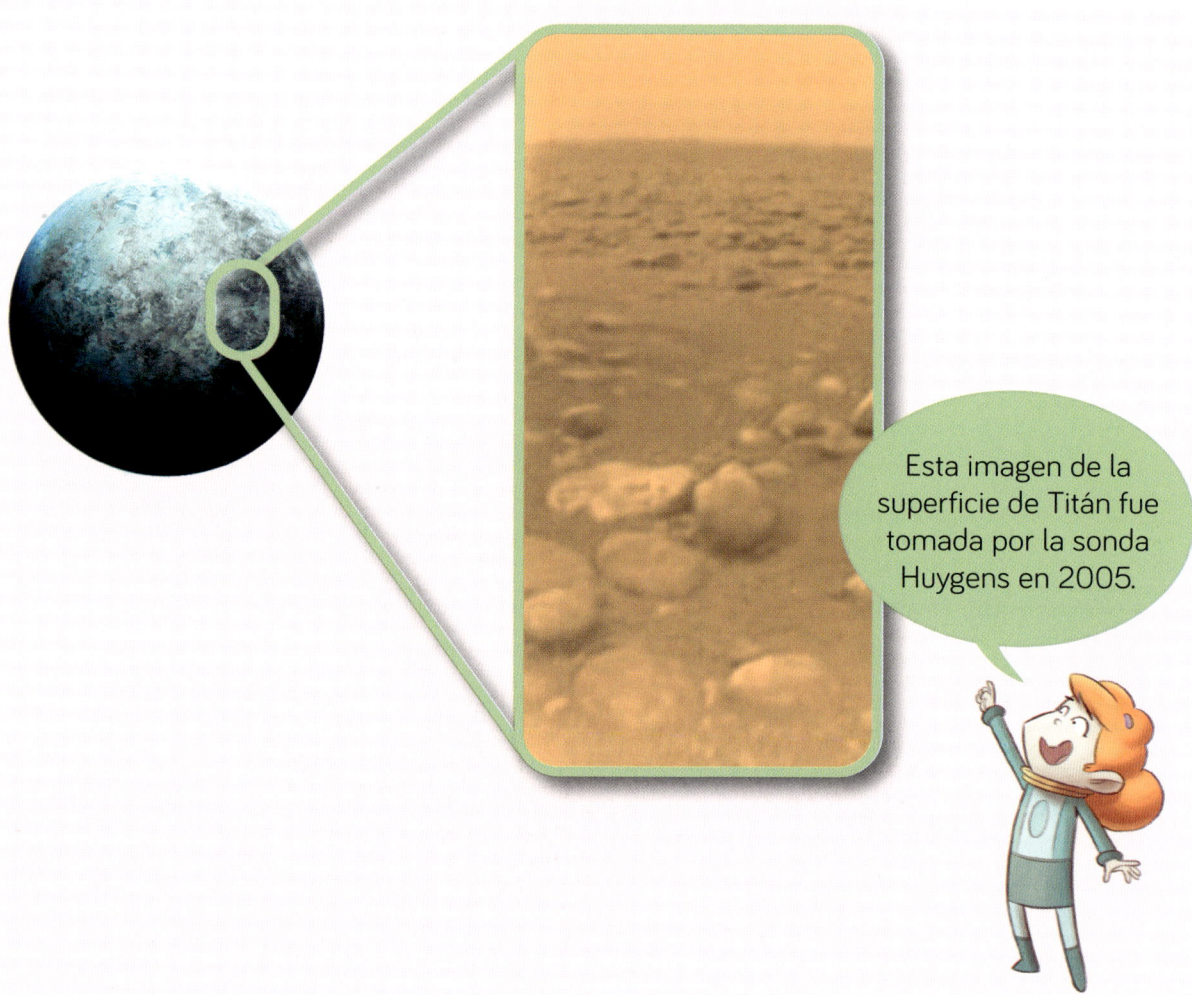

Esta imagen de la superficie de Titán fue tomada por la sonda Huygens en 2005.

Encélado

Otra de las lunas de Saturno que podría albergar vida es Encélado. Tiene una superficie helada de la que salen disparados grandes chorros de agua. Para los buscadores de vida alienígena como nosotros, también tiene dos cosas que nos interesan: ¡un gran océano subterráneo de agua líquida y actividad volcánica submarina!

La sonda Cassini visitó Encélado en 2004.

Los océanos de Plutón

En los confines de nuestro sistema solar se encuentra el cinturón de Kuiper, un gigantesco disco de cuerpos congelados que lo rodea como si fuera una muralla. Entre estos cuerpos está Plutón, un planeta enano. La sonda New Horizons reveló que Plutón puede tener un océano subterráneo en el que podría aparecer la vida. Esta misión sigue su viaje. ¡Quién sabe qué nuevas sorpresas nos revelará!

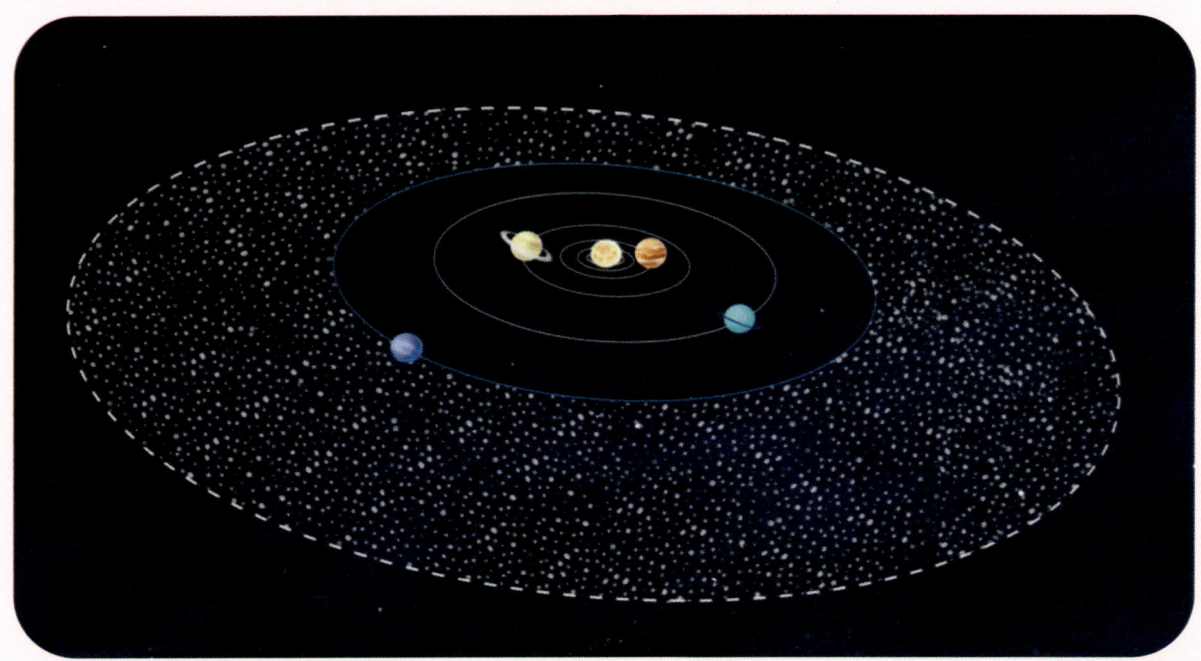

VIDA FUERA DEL SISTEMA SOLAR

Exoplanetas alienígenas

En 1992, los astrónomos descubrieron el primer exoplaneta. Así es como llamamos a los planetas que existen más allá de nuestro sistema solar, los lugares donde es más probable que exista vida inteligente. Desde entonces, se han hallado más de 5000 y se considera que unos 40 reúnen los requisitos necesarios para la vida.

Se cree que el exoplaneta Kepler-22b podría tener agua.

¿Humanos extraterrestres?

¡Allá voy, Tierra, ahora verás lo que es tener vidilla!

Si hay vida en alguno de estos exoplanetas, tal vez la que hay en la Tierra proceda de allí. Y es que existe una teoría, la panspermia, que sostiene que la vida terrestre llegó del espacio exterior, viajando a través de esporas en meteoroides o cometas que colisionaron con tu planeta. O sea, que, a lo mejor, ¡el extraterrestre eres tú!

Trappist-1d y 1e

Debido a la distancia a la que se encuentran, estudiar los exoplanetas es bastante complicado, pero algunos métodos científicos nos permiten obtener información sobre ellos que nos puede dar pistas sobre la posibilidad de que alberguen vida. Dos de los mejores candidatos que hemos hallado son Trappist-1d y Trappist-1e. Ambos son bastante parecidos a la Tierra y orbitan alrededor de la enana roja Trappist-1, situada a 40 años luz del sistema solar.

La estrella Tabby

Otro lugar de nuestra galaxia que ha llamado la atención de los científicos es la estrella KIC 8462852. El gran misterio de esta estrella es que su brillo cambia mucho y no sabemos explicar muy bien el motivo. Algunos han especulado con la posibilidad de que estas oscilaciones se deban a una esfera de Dyson, una megaestructura que alguna civilización de un exoplaneta cercano podría haber construido alrededor de la estrella para capturar su energía.

Esta estrella se conoce como Tabby en honor a Tabetha S. Boyajian, la astrónoma que estudió sus fluctuaciones de luminosidad.

COMUNICARSE CON LOS EXTRATERRESTRES (II)

Radio interestelar

A los proyectos que mandan señales al espacio los llamamos METI (siglas en inglés de 'envío de mensajes a inteligencias extraterrestres'). Para enviarlos usamos ondas de radio, que tienen muchas ventajas: son tan rápidas como la luz, la materia casi no las absorbe (por lo que pueden viajar por el espacio sin obstáculos) y reciben pocas interferencias, porque las estrellas apenas emiten ondas de este tipo.

¿Es buena idea intentar contactar con los alienígenas?

Estoy deseando recibir un mensaje de radio de una nueva civilización… ¡para comérmela!

Para algunos científicos, como Stephen Hawking, ¡no mucho! En casi todos estos mensajes, la humanidad revela cosas importantes sobre sí misma, como su ubicación en el universo. Es posible que si los recibe alguna civilización alienígena, ellos sean mucho más avanzados que los humanos. O sea, que, si tienen malas intenciones, su llegada a la Tierra podría ser catastrófica. ¿Tú qué harías si vieras un platillo aterrizar ante ti?

El mensaje de Arecibo

Este es el más famoso de los mensajes que la humanidad ha enviado al cosmos. Se mandó en 1974 e incluye, de forma codificada, información sobre el ser humano (como la altura y el ADN) y sobre la Tierra (como qué elementos químicos la componen y dónde se halla). El mensaje se mandó a un grupo de estrellas de la constelación de Hércules, situado a 22 000 años luz. Como las ondas de radio se desplazan a la velocidad de la luz, tardará todos esos años en llegar, así que, si hay respuesta, ¡se hará esperar!

Otros mensajes

Aparte de Arecibo, la humanidad ha enviado muchos más mensajes. La mayoría se han mandado a lugares más cercanos, por lo que no tardarán tanto tiempo en llegar. ¡Aquí tienes algunos de ellos!

Destino: Estrella Polar

Asunto: Across the Universe ('A través del universo')
Mensaje: la canción de los Beatles «Across the Universe»
Envío: 4 de febrero de 2008
Fecha de llegada: 2900

Destino: Gliese 581 (enana roja)

Asunto: Hello from Earth ('Hola desde la Tierra')
Mensaje: 26 000 mensajes, fotos y dibujos subidos por la gente a las redes
Envío: 28 de agosto de 2009
Fecha de llegada: 2050

Destino: Luyten b (exoplaneta)

Asunto: Sonar Calling
Mensaje: Melodía interpretada por 38 músicos

Envío: 16 de octubre de 2017
Fecha de llegada: 2043

COMUNICARSE CON LOS EXTRATERRESTRES (II)

Tengo un paquete para ti

Aunque las señales de radio han sido el medio más habitual para intentar contactar con inteligencias extraterrestres, la humanidad también ha usado otros métodos: ¡el envío de objetos físicos! Me explico: algunas de las sondas que se han enviado al espacio incluyen regalitos para quien las encuentre… Es difícil que suceda, un poco como lanzar una botella con un mensaje al mar, ¡pero nunca se sabe! Las sondas Voyager 1 y Voyager 2, lanzadas en 1977, incluían discos dorados con imágenes y sonidos de la Tierra.

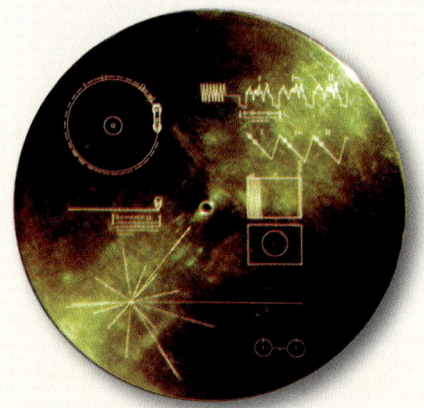 

Sondas Pioneer

Las sondas espaciales Pioneer 10 y Pioneer 11 se enviaron al espacio en 1972 y 1973 e incluían unas placas como esta, diseñadas por los astrónomos Carl Sagan y Frank Drake. Incluyen información sobre la civilización humana y un mapa que indica la ubicación de la Tierra.

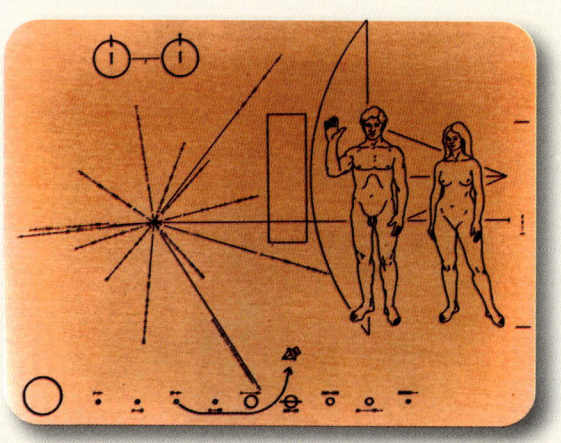

SETI

¿Y si son los extraterrestres los que nos han enviado un mensaje? A este otro tipo de proyectos se los conoce como SETI (siglas en inglés de 'búsqueda de vida extraterrestre inteligente'). En este caso, los radiotelescopios se usan para analizar señales de radio y de luz visible en el espacio buscando señales que puedan haber sido emitidas por una civilización inteligente.

Estos radiotelescopios de seis metros de diámetro pertenecen al observatorio astronómico de Hat Creek, en California (Estados Unidos) dedicado a la búsqueda de señales extraterrestres.

COMUNICARSE CON LOS EXTRATERRESTRES (II)

Dos señales (extra)terrestres

Es muy complicado que los radiotelescopios dedicados al proyecto SETI detecten una señal alienígena. Piensa que hay muchísimas direcciones hacia las que podemos apuntar y muchísimas frecuencias de radio que rastrear. ¡Es como buscar una aguja en un pajar (en el que a lo mejor ni siquiera hay aguja)! Pero ¿se ha detectado algo alguna vez?

Señal 1 — Proyecto OZMA

En 1960, el astrónomo Frank Drake puso en marcha el proyecto OZMA, el precursor del SETI. Y, al apuntar hacia la estrella Épsilon Eridani, se detectó una señal muy intensa. ¿Sería posible haber tenido suerte tan rápido? Pues no, finalmente se comprobó que la señal provenía de un avión de alto vuelo… ¡Vaya chasco!

Señal 2 — Wow

La llamada «señal Wow» se captó en 1977, procedente de la constelación de Sagitario. El astrónomo que la detectó, Jerry R. Ehman, se sorprendió tanto que anotó al lado del registro la expresión inglesa *wow* ('guau') que le ha dado nombre. Todavía no sabemos exactamente a qué se debía, pero no se ha vuelto a repetir, por lo que lo más probable es que no tuviera un origen extraterrestre.

Viajes interestelares

La posibilidad más fantástica de un encuentro con una civilización extraterrestre lejana es que este se produzca… ¡en persona! Los viajes interestelares han fascinado siempre a la humanidad. Sin embargo, enviar naves tripuladas más allá del sistema solar es algo que todavía queda lejos. ¡El ser humano solo ha llegado a la Luna y ni siquiera ha pisado Marte aún!

El problema de la distancia

La estrella más cercana a la Tierra es Próxima Centauri, una enana roja que se encuentra a 4,24 años luz de distancia. Según las leyes de la física, la velocidad máxima que se puede alcanzar en el cosmos es la de la luz: 300 000 kilómetros por segundo. Pero, que sepamos, construir una nave que se acerque a eso es casi imposible. A las velocidades de las naves actuales, ¡el viaje sería de decenas de miles de años! Entonces, ¿cómo podríamos solucionar este problema?

VIAJAR EN EL ESPACIO-TIEMPO

Suena a ciencia ficción, ¿verdad? Pero hay teorías sobre cómo sortear las enormes distancias del espacio y viajar sanos y salvos a planetas, galaxias o incluso otros universos. Aquí te mostramos tres opciones, ¿cuál elegirías?

1 Arcas interestelares

Parece claro que una nave tripulada por una sola generación de viajeros no conseguiría llegar muy lejos. Así pues, habría que construir una nave que fuera como un arca, en la que los tripulantes iniciales envejecieran, tuvieran hijos y estos tomaran el relevo, y así sucesivamente a lo largo de distintas generaciones, hasta llegar finalmente al destino.

Los científicos y escritores de ciencia ficción las han imaginado como gigantescas naves con forma circular que giran como peonzas para crear una sensación parecida a la de la gravedad terrestre. La tripulación debería ser de al menos unos pocos centenares de personas e incluirían cultivos para garantizar el alimento necesario. ¡Sería como un mundo en miniatura!

2 Hibernación

Esta posibilidad consistiría en colocar a la tripulación en cápsulas de hibernación, o sea, en condiciones de vida suspendida, como en un sueño muy profundo en el que se ralentiza tu envejecimiento. Al llegar al destino, saldrías de tu cápsula fresco como una rosa… ¡en teoría! Aunque la hibernación aparece a menudo en obras de ciencia ficción, no está muy claro que sea aplicable en viajes tan largos como los que se necesitarían para llegar a exoplanetas…

3 Atajos espaciales

Otra posible solución a la que se ha recurrido para imaginar viajes interestelares son los agujeros de gusano. Se trataría de una especie de túneles en el espacio-tiempo que conectan dos lugares lejanos del universo, como si doblaras un folio con sendos puntos en cada lado para unirlos. ¿Existirán de verdad? Los científicos no lo descartan, ¡pero por el momento solo existen en las pelis y los libros de ciencia ficción!

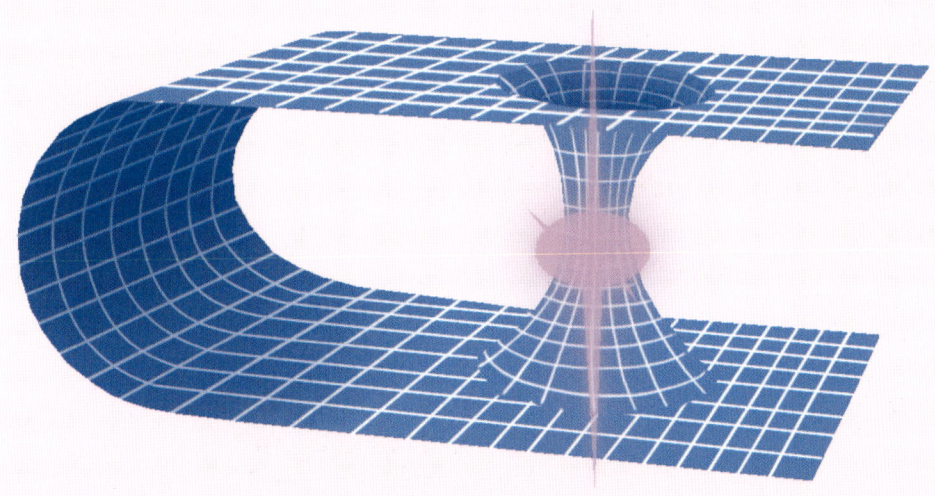

¿UNA CIVILIZACIÓN ALIENÍGENA AVANZADA?

En 1964, el astrofísico ruso Nikolái Kardashov propuso una clasificación que dividiría a las hipotéticas civilizaciones alienígenas avanzadas en tres tipos, según la cantidad de energía que lograran extraer del lugar en el que vivieran.

Tipo I

Una civilización tipo I sería capaz de extraer de su planeta la energía equivalente a la que llega a él desde su estrella. En el caso de la Tierra, sería la necesaria para encender 167 billones de bombillas de 60 vatios. Por si te lo estás preguntando, no, la civilización humana aún queda bastante lejos de ser de tipo I: solo llegaría a 0,73 en la escala.

Tipo II

Una civilización de tipo II, en cambio, extraería toda la energía de su estrella, no solo la que llega al planeta. Para la humanidad, sería la necesaria para encender 1,7 cuatrillones de bombillas.

Esto podría conseguirse con una megaestructura que rodeara la estrella para capturar su energía, tal como imaginó el físico Freeman Dyson. A esta idea la llamamos «esfera de Dyson».

Tipo III

Las civilizaciones más avanzadas, las de tipo III, serían capaces de extraer la energía…
¡de su galaxia entera! Aquí hablamos de cifras aún más increíbles: diez sextillones de vatios,
o sea, ¡un 1 seguido de 37 ceros! ¿Que cómo lo harían? Pues echa la imaginación a volar:
seguramente sabrían extraer la increíble energía de los agujeros negros gigantescos que hay
en el centro de las galaxias. ¡Glups!

Tipo I: 10^{16}W

Tipo II: 10^{26}W

Tipo III: 10^{36}W

VIDA EXTRATERRESTRE. ¿ESTAMOS SOLOS EN EL UNIVERSO O ACOMPAÑADOS?
LOS EXPLORADORES DEL ESPACIO

© Shackleton Books, SL

© de las ilustraciones, Tommaso Ronda

De los textos: Víctor Sabaté para Shackleton Books, SL

Primera edición en Shackleton Kids, junio de 2025

Shackleton Kids es el sello infantil de la editorial Shackleton Books, SL

Realización editorial:
Shackleton Books, SL

Diseño de cubierta:
Julia Ebel Lopes

Diseño y maquetación:
Julia Ebel Lopes

© **Fotografías:** Todas las imágenes son de dominio público.

ISBN: 978-84-1361-520-2

DL: B 9306-2025

Impresión: Macrolibros, SA, Valladolid (España).

La editorial de los pequeños exploradores

En **Shackleton Kids** queremos que nuestros libros sean mucho más que libros. Escanea los códigos QR y disfruta de todo un mundo de contenido extra con el que descubrirás que aprender es la aventura más divertida.

Descubre la versión animada del libro en nuestro canal de YouTube.

En casa o en el cole, sigue aprendiendo y divirtiéndote con nuestro contenido extra: pasatiempos, quiz, ejercicios...

Si te ha gustado *Vida Extraterrestre*,
descubre más títulos de la colección

LOS EXPLORADORES
DEL ESPACIO

Viaja por el universo y descubre todos sus secretos

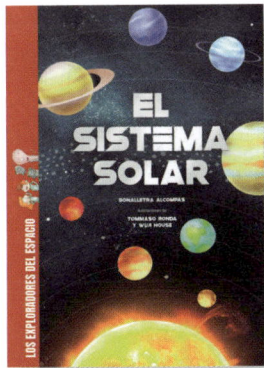

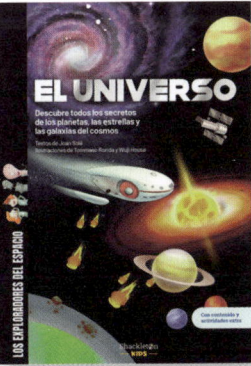

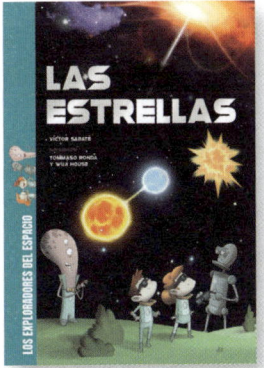

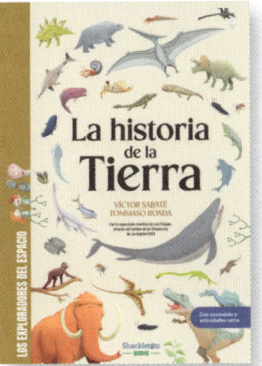

¡Y mucho más en nuestra web!

shackletonkids.com

@shackletonkids